Oxum

Doçaria Fina & Quitutes

Chef Carlos Ribei[ro]

Todos os direitos reservados © 2019

É proibida qualquer forma de reprodução, transmissão ou edição do conteúdo total ou parcial desta obra em sistemas impressos e/ou digitais, para uso público ou privado, por meios mecânicos, eletrônicos, fotocopiadoras, gravações de áudio e/ou vídeo ou qualquer outro tipo de mídia, com ou sem finalidade de lucro, sem a autorização expressa dos autores.

Fotografias: **Cristiano Lopes e Pixabay**
Orelha do livro: **Prof. Dra. Patricia Merlo**
Apresentação: **Prof. Dra. Lucia Soares**
Colaboração: **Ana Célia Santos, Ieda de Matos e Bel Coelho**
Cenografia: **Gandalua Louças e Materiais para Festas & Eventos**

R484o	Ribeiro, Carlos., 1959-
	Oxum, doçaria fina e quitutes / Carlos Manoel Almeida Ribeiro – 1ª ed. – São Paulo: Arole Cultural, 2019.
	96p. : il.
	ISBN 978-85-906240-3-5
	1. Gastronomia. 2. Candomblé. 3. Religiões Afro-brasileiras. I. Título.
	CDD 641 CDU 641/642

Para Oxum, rainha da beleza, dona do ouro, das águas doces, do amor, fertilidade e dos doces. Com ela abrimos a "Coleção Ajeum" e seus doces sagrados, seguida das Iyabás Iemanjá e Iansã e os Ibejis, sob a assinatura das chefs convidadas: Ieda de Matos, Bel Colho e Ana Célia Santos.

Para minha avó Maria das Neves, a matriarca dos doces na família, para minha mãe Walkyria e à minha irmã Flávia, que deu continuidade aos doces da família e que neste livro nos presenteia com a receita "Delicia de Abacaxi".

À minha aluna Núbia Ferreira, por me ajudar na seleção e revisão das receitas, e em especial à Andrea Keffer da Gandalua, que gentilmente nos abriu as portas para que pudéssemos fazer um rico e luxuoso trabalho com o uso das peças e adereços de mesa para Oxum, com todo o brilho e esplendor que deve ter a mesa de uma rainha.

Ore Iye Iye o!

Salve a Senhora
e Mãe de toda
a doçura.

Oxum Doçaria fina e Quitutes é o resultado de um minucioso trabalho do chef paraibano Carlos Ribeiro – reconhecido artesão da cozinha brasileira, dedicado ao estudo e à pesquisa de nossa comida – com a valorosa contribuição de suas convidadas: Ana Célia Santos, Ieda de Matos e Bel Coelho.

Falar do doce na comida de santo, e especialmente, daqueles dedicados à Oxum, é mergulhar no bojo da doçaria nacional em plena formação, nas cozinhas das casas-grandes do nordeste, espaço ocupado, quase que exclusivamente, por mulheres cheias de sentimentos (e ressentimentos), brancas e negras.

Das condições desfavoráveis dessas cozinhas, da improvisação dos equipamentos e utensílios, das substituições de ingredientes, do cadinho de cada cozinheira, da opressão e da saudade, nasceu nosso doce – que poderia até se chamar "amargo", se não fossem a esperança, a determinação e a fé religiosa a guiar seus movimentos, pois, Oxum derramava sua força, ternura e doçura sobre nós.

De tantas novidades chiques da confeitaria francesa e de tão melhor que era o que vinha de fora, nós fomos deixando para trás nossas raízes, embalados pela ilusão da distinção e do status, enquanto nossa confeitaria agonizava, resistindo apenas, nos meios dos mais esclarecidos e dos menos favorecidos.

Mas, os ventos mudaram e passaram a soprar a favor das particularidades regionais favorecendo nossa cultura. Esse dossiê que o Chef Carlos Ribeiro e suas convidadas disponibilizam representa, portanto, um mergulho nas águas claras e cristalinas de Oxum com sua predileção pelos ovos, símbolo maior da vida no Candomblé, seus quindins, cocadas, bom bocados, pamonhas, bolos, doces e docinhos atualizados e ressignificados, pois, trazem sentido no con-texto atual, prontos para nos [re]encantar. Um presente para todos aqueles que se dedicam à arte de adoçar, de levar prazer e alegria à vida das pessoas, e de despertar os mais sublimes sentimentos.

Lucia Soares

Doutora em História da Ciência PUC/SP
Professora de Confeitaria da Universidade Anhembi Morumbi

A primeira referência que tive de gostos e sabores foi o leite materno de minha mãe Walkyria, seguido das receitas feitas na casa de minha avó Maria das Neves, de uma pequena loja de doces, e em especial dos bolos de noivas - aqueles de andares com o par de noivos em cima.

Com essas doces lembranças começamos nosso Ajeum. Bom apetite.

Sobre doces e deuses...

Quando as histórias e tradições das culturas populares e religiosas se encontram, compreendemos o significado profundo das maneiras pelas quais os grupos humanos organizam o suas formas alimentares, de que modos diferentes produtos ou ingredientes recebem ressignificações ao serem transculturados; como se deram os intercâmbios de elementos culturais a partir dos alimentos.

Em muitas civilizações o alimento é resultado da (de)marcação de conjunto de ações, que são motivados por várias situações, da própria história do lugar e em especial das migrações naturais. O modo de fazer e comer das diversas sociedades traduzem os legados sociais; a produção, a distribuição e consumo de alimentos se dá por meio das manifestações culturais; a diversidade alimentar e o tradicional modo de fazer dos alimentos, todos têm um valor simbólico e ritualístico.

É certo que devemos alimentar-nos todos os dias durante a vida. Como crescemos em lugares específicos, cercados também de pessoas com hábitos e crenças particulares, o que aprendemos sobre comida está inserido em um corpo substantivo de materiais culturais historicamente derivados. Assim, a comida e o comer assumem uma posição central no aprendizado social por sua natureza vital e essencial, embora rotineira. O comportamento relativo ao alimento revela repetidamente a cultura em que cada um está inserido seja na comida do dia-a-dia ou nas comidas religiosas cujos significados unem a cultura e o sagrado. A comida faz parte da cultura material e espiritual de determinado grupo, que expressa visivelmente a vasta gama de seus princípios e os valores morais.

No candomblé não é diferente. Os alimentos estão fortemente presentes em todos os seus rituais, sejam eles quais Orixás forem louvados. Como religião de base alimentar, na qual Divindades e seres humanos dividem a mesa simultaneamente e compartilham ali seus prazeres e saberes, o Candomblé possui uma infinidade de comidas consideradas "sagradas", cada uma com seu modo específico de preparar, nos quais alguns alimentos e ingredientes são incluídos e, muitas vezes, proibidos de acordo com o gosto e desejo de cada uma dessas Divindades.

Desde a escolha até a separação e preparação dessas comidas é preciso que haja muito estudo e conhecimento, transmitido oralmente nos contos e histórias dos Terreiros. Na realidade, boa parte dos rituais do Candomblé estão diretamente ligados às oferendas feitas com comidas, e não há um único ritual no qual homens e deuses não se deleitem com seus sabores. Da mais simples farofa ao mais completo amalá, cozinhar é motivo de fé e de festa e os banquetes sagrados fazem parte da rotina do povo de santo.

Ainda assim, o que pouco se sabe é que muitas dessas receitas que são ofertadas aos Orixás estão presentes também no dia-a-dia da mesa dos brasileiros, trazidas nos porões dos navios negreiros com a chegada dos africanos ao Brasil, que conheciam os segredos dos deuses e deusas do Candomblé e sabiam como ninguém quando e como substituir algo que (re)conheciam em sua origem ancestral. Mais do que conhecer as receitas, elas conheciam seus segredos, suas potências, seus poderes e seus saberes e, com isso, foram capazes de recriar os pratos sagrados dos Orixás com base no que encontravam por aqui. De norte a sul do país, cada região recebeu suas influências afro-gastronômicas de acordo com o que lhes ofereciam e, miscigenado, fez do Brasil uma terra de pratos pretos: a feijoada, o caruru, o vatapá, o amalá, o acarajé, os doces de tabuleiro e as beberagens que curam e encantam...

Todas essas receitas são encontradas até os dias atuais em nossas refeições diárias sem sabermos que, ao comê-las, comungamos com a ancestralidade sagrada de todo um povo, seus costumes... E sua fé! E que lindo é poder praticá-la mesmo sem saber, mesmo sem querer, reconhecendo silenciosamente que a magia se faz na cozinha e que os deuses e deusas africanos permanecem vivos a cada esquina das cidades e trazem consigo a memória afetiva nos grãos, doces e temperos da vida!

O Candomblé não possui registros escritos de suas tradições ou livro sagrado como o catolicismo ou o judaísmo, por exemplo. Suas histórias e informações são passadas oralmente, de geração em geração, através dos itans – mitos sagrados que são assumidos como sendo a verdade de cada comunidade e, em suas histórias, contam e ensinam valores e costumes. Ao investigar esses itans e, especialmente, nos alimentos e temperos sagrados que eles retratam, encontramos em Oxum a síntese de tudo o que é belo e doce.

Conhecida como deusa do amor, da fertilidade, protetora das mulheres grávidas, rainha da beleza, do ouro, das águas doces: Oxum tem inúmeros atributos que nos inspiraram neste trabalho, a grande doceira no mundo dos orixás, que nos ensina a sermos doces e enxergar a vida assim, apesar de todos os desafios. É por isso que Oxum estreia a Coleção Ajeum, apresentando receitas que nos remetem à alegria de viver, trazendo no ponto e no tempero o doce de Sua realeza.

Oxum é a dona da panela e da colher de pau. Ela conhece todos os segredos dos alimentos e da arte de cozinhar. Um dos seus grandes encantos na cozinha é chamado em idioma iorubá por oyin – o mel de abelha - utilizado na grande maioria de seus rituais.

De todos os Orixás, Oxum tem a atribuições de cozinheira, detentora de mistérios, encantos e feitiços daquilo que se prepara ao forno e ao fogão. Tem o poder e magia da arte da culinária e, sem ela, não haveria alimentação nem axé – nome que se dá à energia vital que inspira todos os seres humanos. A cozinha para Oxum é elemento de valorização positiva, fazendo Dela a dona dos temperos e da preparação dos alimentos sagrados, seus segredos e sua potência.

Pastel de Natas

INGREDIENTES

Para o Recheio
- 1 litro de leite integral
- 1 ½ xícaras de açúcar
- 10 gemas de ovos
- 1 colher (chá) de amido de milho
- Raspas de limão (opcional)

Para a Massa
- 50g de manteiga
- 100g de açúcar
- 1 ovo
- 1 pitada generosa de sal
- Raspas de limão (opcional)
- Farinha de trigo, o quanto baste
- Manteiga para untar

MODO DE FAZER

Recheio

Em uma panela, junte todos os ingredientes e leve para cozinhar em fogo baixo. Mexa constantemente até que a mistura engrosse, mas tome cuidado para que não ferva. Retire do fogo e reserve.

Massa

1. Em uma tigela, bata com um batedor de arame a manteiga e o açúcar, até que se forme um creme fofo.
2. Separe a clara da gema e bata a clara em neve.
3. Junte a clara batida na mistura de manteiga e misture com uma espátula.
4. Acrescente a gema, o sal e as raspas de limão à massa. Misture até que esteja bem incorporado.
5. Comece colocando um pouco de farinha de trigo na massa e vá misturando com as mãos, acrescentando farinha conforme necessário. Será suficiente quando a massa estiver lisa e não grude mais nas mãos.

Montagem

1. Em forminhas individuais untadas, despeje a massa em porções iguais, achatando-a nas formas.
2. Distribua o recheio pelas massas e leve para assar em forno a 180° por 30 a 45 minutos. Sirva frio.

Quindins

INGREDIENTES

- 10 gemas de ovos
- 1 ½ xícaras de açúcar
- 100g de coco ralado fino
- Essência de baunilha, o quanto baste
- 1 colher (sopa) de manteiga sem sal
- Açúcar para polvilhar

MODO DE FAZER

1. Derreter a manteiga em banho-maria e esfriar;
2. Peneirar as gemas, acrescentar o açúcar, a baunilha,
   o coco bem fininho e a manteiga, mexer tudo muito bem;
3. Cobrir a massa e levar para descansar na geladeira,
   de preferência de um dia para o outro;
4. Despejar em forminhas untadas com manteiga
   e polvilhadas com bastante açúcar;
5. Cobrir e descansar na geladeira por 30 minutos;
6. Assar em banho-maria em forno pré aquecido
   a 165 ºC até que estejam dourados. Sirva frio.

Cocada de Colher

INGREDIENTES

- 300g de coco ralado fresco
- 600g de açúcar
- 150ml de água de coco
- 1 pitada de sal
- 1 limão

MODO DE FAZER

1. Em uma panela, caramelizar 200g de açúcar e juntar o coco, mexendo bem;
2. Acrescentar o restante do açúcar, o sal e a água de coco;
3. Juntar o suco do limão e misturar bem;
4. Mexer continuamente até que o coco esteja translúcido;
5. Esfriar e colocar em uma compoteira.

Bombocado

INGREDIENTES

- ½ lata de leite condensado
- 2 ovos
- 100g de coco ralado
- 50g de açúcar
- 25g de queijo ralado
- 4 colheres (sopa) de manteiga
- ½ xícara de farinha de trigo
- Manteiga para untar

MODO DE FAZER

1. Em uma tigela, junte todos os ingredientes e misture bem, até que se forme uma massa homogênea.
2. Unte forminhas individuais com manteiga e distribua a massa por igual.
3. Leve ao forno pré aquecido a 160º por aproximadamente 25 minutos, até que a superfície esteja dourada.
4. Deixe esfriar e desenforme.

Pamonha Doce de Milho

INGREDIENTES

- 6 espigas de milho com a palha
- ½ xícara de açúcar
- ½ xícara de leite de coco
- 1 pitada de sal

MODO DE FAZER

1. Descasque as espigas de milho, lave e reserve as palhas maiores. Lave as espigas em água corrente e descarte todos os cabelos.
2. Com um ralador grosso, rale as espigas e reserve o suco extraído.
3. Acrescente o açúcar, o leite de coco, o sal e misture bem. Reserve.
4. Dobre as palhas ao meio, no sentido horizontal, e costure as laterais com linha de algodão, formando uma espécie de copo.
5. Encha as palhas com o creme de milho, deixando um espaço para que as pontas das palhas sejam torcidas e amarradas com um barbante, fechando a pamonha.
6. Em uma panela grande com água fervente, mergulhe as pamonhas e deixe que cozinhem por cerca de 1h30 ou até que estejam bem firmes.

Dica do Chef

A cozinha também é fonte de magia e encanto. Por isso, para atrair o amor e a sensualidade, prepare um banho fervido de pétalas de flores e mel e tome do pescoço para baixo em noites de lua cheia.

Bolo de Rolo

INGREDIENTES

- 8 ovos
- 1 ½ xícaras de açúcar
- 1 ¾ xícaras de farinha de trigo
- 250g de manteiga sem sal
- 1 pitada de sal
- 500g de goiabada
- Açúcar para polvilhar

MODO DE FAZER

1. Na batedeira, bater bem a manteiga com o açúcar em creme;
2. Juntar uma a uma as gemas;
3. Desligar a batedeira e acrescentar os ingredientes secos peneirados aos poucos, misturando com uma espátula;
4. Por último acrescentar as claras em neve, misturando cuidadosamente e espalhar sobre um silpat ou placa com papel-manteiga, untado e polvilhado com farinha de trigo;
6. Assar uma a uma as placas em forno pré-aquecido a 165ºC por cerca de 8 minutos;

7. Retirar a placa do forno, virar em um pano polvilhado com açúcar espalhar uma camada fina de doce enrolar o rocambole;
8. Assar outras camadas de massa procedendo da mesma forma;
9. Enrolar sempre a massa com o rolo dentro cobrindo com um pano ao fim de cada passo;
10. Servir à temperatura ambiente.

Delícia de Abacaxi

INGREDIENTES

- 1 lata de leite condensado
- 3 ovos
- Da lata de leite condensado, 2 medidas de leite de vaca
- 1 abacaxi
- 150g açúcar
- 1 lata de creme de leite sem soro
- 3 colheres (sopa) de açúcar

MODO DE FAZER

1. Faça um creme com o leite condensado, as gemas, o leite e leve ao fogo baixo mexendo até que fique cremoso. Desligue o fogo.
2. Faça o doce com o abacaxi em cubos e 150g de açúcar, levando ao fogo baixo e mexendo sempre para não queimar até que não fique com muita calda, mas também não fique seco. Reserve.
3. Bata as claras com o açúcar até formar um suspiro. Fora da batedeira, misture delicadamente o creme de leite.
4. Num refratário coloque o creme feito as gemas; o doce de abacaxi e então as claras em neve. Leve a geladeira por 4 horas.

Bem Casados

INGREDIENTES

- ½ xícara de açúcar;
- 1 colher (sopa) de fermento em pó;
- 1 ½ xícaras de farinha de trigo peneirada;
- Manteiga sem sal para untar a forma;
- 1 lata de doce de leite de boa qualidade;
- 1 ½ latas de creme de leite;
- 400g de açúcar de confeiteiro (para polvilhar os bem casados);
- 6 ovos

Dica do Chef

Separar as gemas das claras é importante e eu recomendo passar as gemas numa peneira para retirar a película que causa aquele cheiro forte do ovo.

Decoração e Embalagem

- Papel crepom;
- Papel celofane;
- Fitas de tecido para o laço de acabamento final.

O Bem Casado é um doce muito esperado nos casamentos, de uma simplicidade ímpar, mas que para o sua confecção exige seguir algumas dicas e etapas bem importantes.

MODO DE FAZER

Preparo da Massa

Separar as claras das gemas e bater as primeiras em ponto de neve em uma batedeira use a velocidade alta. Sem desligar o aparelho, acrescente a quantidade de açúcar e deixe misturar por mais um tempo. A consistência ficará bem parecida com a de um suspiro mole. Para complementar a massa, acrescente o fermento e as gemas uma a uma até a batedeira misturar todas uniformemente.

Acrescentando a Farinha

Com a batedeira desligada, coloque toda a farinha de trigo e com uma colher ou espátula, misture delicadamente na massa que já está pronta. Após feita a mistura manual ligue o aparelho e deixe batendo até formar um creme bem incorporado. Reserve.

Montando a Forma

Em uma assadeira grande forre com uma folha de papel manteiga por toda a sua extensão cobrindo o fundo e as laterais. Despeje toda a massa na assadeira, sobre o papel e, com uma espátula, espalhe a massa de forma que ela fique igualmente dividida.

Hora do Forno

Com o forno aquecido a 250ºC, coloque a assadeira já com a massa devidamente espalhada e deixe assar por 15 minutos. Após esse tempo, retire do forno e deixe esfriar sem tirar da forma. Se retirar a massa quente ela vai quebrar e todo trabalho será perdido.

Hora do Recheio

Para rechear você pode usar o doce de leite de já pronto de boa marca ou fazer o seu próprio doce de leite com a receita que ensinamos aqui no livro.

Hora do Calda

Para preparar a calda você deve levar a água ao fogo até que ferva. Logo em seguida acrescente o açúcar de confeiteiro, mexendo até ficar com uma consistência homogênea. Deixe em banho-maria e acrescente o suco de limão.

Montagem

A forma tradicional são os redondos que, depois de cortados, são recheados com uma delicada camada de doce de leite e finalizados passando a parte exterior no açúcar. Repetir esse processo com todos os doces, untar na calda e embalar com o papel. Depois do celofane, o papel mais comumente utilizado para embalar os Bem Casados é o crepom; com uma fita, faça laçinhos para o acabamento final.

Rabanadas

INGREDIENTES

- 12 fatias de pão de forma, amanhecido
- 1 lata de leite condensado
- 1 xícara de água
- 1 colher (chá) de essência de baunilha
- 3 ovos
- Óleo para fritar
- Açúcar e canela para polvilhar

MODO DE FAZER

1. Corte cada fatia de pão em fatias de tamanho médio.
2. Em uma tigela, misture o leite condensado, a água e a baunilha.
3. Em outro recipiente, bata bem os ovos, como uma omelete.
4. Passe os pedaços de pão, um a um, primeiro na mistura de leite condensado, depois na mistura de ovos, deixando absorver os líquidos. Reserve e deixe escorrer o excesso de calda das fatias.
6. Frite as fatias de pão encharcadas igualmente dos dois lados. Escorra-as em papel toalha para tirar o excesso de óleo.
7. Polvilhe açúcar e canela sobre as fatias e sirva.

Bolo de Fubá

INGREDIENTES

- 2 xícaras de fubá
- 1 lata de leite condensado
- 1 xícara de leite de vaca
- 1 xícara de óleo
- 4 ovos
- 1 colher (sopa) de fermento em pó
- Manteiga para untar

MODO DE FAZER

1. Misture o fubá, o leite condensado, o leite e o óleo e cozinhe m fogo médio, mexendo sem parar, até que a mistura ferva e se desprenda da panela. Reserve.
2. Separe as gemas e bata as claras em neve até ficarem firmes.
3. Com a massa de fubá em temperatura morna, acrescente as gemas e misture bem. Junte as claras em neve à massa.
5. Peneire o fermento em pó sobre a massa e mexa para incorporar.
6. Despeje a massa em uma forma untada e leve para assar a 180º por aproximadamente 50 minutos.

Dica do Chef

Os ovos são um dos ingredientes prediletos de Oxum, a deusa africana das águas doces, que guarda e protege a gravidez.

Por isso, para favorecer a fertilidade, ofereça ovos crus e cozidos regados com um fiozinho de azeite de dendê à beira de um riacho bonito, pedindo a Oxum que abençoe o seu ventre.

Doce de Leite

INGREDIENTES

- 2 litros de leite de vaca
- 5 xícaras de açúcar
- 1 pitada de bicarbonato de sódio

MODO DE FAZER

1. Em uma panela grande, junte todos os ingredientes e deixe cozinhar em fogo brando por uns 15 minutos.
2. Baixe o fogo e mexa sempre para o leite não ferver, até que atinja o ponto desejado.
3. Deixe esfriar e sirva em porções generosas.

Beijinho de Coco

INGREDIENTES

- 1 lata de leite condensado
- 1 colher (sopa) de manteiga
- 4 colheres (sopa) de coco seco ralado
- Coco seco ralado para passar os docinhos
- Cravos-da-índia para decorar
- Manteiga para untar
- Forminhas de papel para montagem

MODO DE FAZER

1. Em uma panela, coloque o leite condensado e a manteiga. Leve ao fogo baixo, mexendo sempre até desprender do fundo da panela.
2. Retire do fogo, misture o coco, coloque em um prato untado com manteiga e deixe esfriar.
3. Enrole os docinhos em pequenas bolas, passe pelo coco ralado e decore-os com um cravo. Coloque em forminhas de papel e sirva frio.

Bolo Invertido de Abacaxi

INGREDIENTES

- 3 xícaras de açúcar
- 2 xícaras de manteiga
- 1 pitada de sal
- 6 ovos
- 3 xícaras de farinha de trigo
- 1 colher (sopa) de fermento
- 1 ½ xícaras de leite
- 2 abacaxis

MODO DE FAZER

1. Descasque os abacaxis e os fatie em rodela, descartando os talos.
2. Separe as gemas das claras, bata as claras em neve e reserve.
3. Em uma tigela, junte metade do açúcar e a manteiga. Bata com um batedor de arame até que se forme um creme.
4. Acrescente o sal e as gemas à mistura e bata bem até que forme uma massa homogênea.
5. Peneire a farinha e o fermento sobre a massa e mexa para incorporar.

6. Acrescente as claras em neve à massa e misture delicadamente.
7. Com o restante do açúcar, faça um caramelo em uma panela.
8. Unte uma forma com manteiga e despeje o caramelo sobre ela, mexendo para que o caramelo cubra toda a forma.
9. Distribua as rodelas de abacaxi pelo fundo e pela lateral da forma, bem juntas umas das outras.
10. Despeje a massa dentro da forma e leve para assar em forno médio por 50 a 65 minutos.
11. Quando estiver pronto e morno, desenforme o bolo sobre um rato e deixe descansar sem tirar a forma por alguns minutos, de forma que os abacaxis se desprendam lentamente da forma.

Broa de Milho

INGREDIENTES

- 3 ovos inteiros
- 1 ½ xícaras de açúcar
- 1 xícara de manteiga
- 2 colheres (sopa) de erva doce
- 2 xícaras de farinha de milho bem fina
- 3 xícaras de farinha de trigo
- 1 colher (sopa) de fermento em pó
- Uma pitada de sal

MODO DE FAZER

1. Bata a manteiga com o açúcar por cerca de 1 minuto.
2. Acrescente os ovos, o sal e a erva-doce, batendo por mais 1 minuto.
3. Acrescente alternadamente a farinha de milho e a farinha de trigo, uma xícara de cada vez. Desligue a batedeira e misture o fermento.
4. Molde a massa em pequenas porções achatadas com cerca de 1cm de altura e coloque-as em uma forma untada com manteiga e polvilhada com farinha de trigo.
5. Leve ao forno pré-aquecido e asse por 30 minutos ou até dourar.

Sonhos de Oxum

INGREDIENTES

Para o Recheio
- 1 lata de leite condensado (395g)
- 2 xícaras de leite de vaca
- 4 colheres (sopa) de amido de milho
- 2 gemas de ovos
- ½ colher (chá) de essência de baunilha
- Açúcar de confeiteiro

Para a Massa
- 5 colheres (sopa) de açúcar
- 3 xícaras (chá) de farinha de trigo
- 10g de fermento biológico seco instantâneo
- 1 xícara (chá) de leite morno
- 3 colheres (sopa) de manteiga derretida
- 2 gemas
- 1 ovo
- 1 pitada de sal

Modo de fazer

Massa

1. Em uma tigela misture o açúcar, o fermento biológico seco, a farinha de trigo, e uma pitada de sal. Misture.
2. Abra um buraco no centro e coloque o ovo, as gemas, a manteiga derretida e o leite morno. Misture, transfira a massa para uma superfície enfarinhada e sove bem por alguns minutos. Forme uma bola, devolva a massa para a tigela, cubra com um pano e deixe descansar por aproximadamente 1 hora, ou até dobrar de tamanho.
3. Após, coloque a massa em uma superfície enfarinhada e divida a massa em porções, e forme as bolinhas. Deixe descansando cobertas com um pano por aproximadamente 40 minutos.

Recheio

1. Na panela coloque o leite condensado, dissolva o amido de milho com um pouco de leite, e despeje o restante do leite, adicione as gemas e misture. Leve ao fogo, mexendo sempre, até engrossar. Por último adicione a essência de baunilha. 2. Transfira o creme para uma tigela e deixe esfriar para usar.
3. Após, frite os sonhos, virando para dourar de todos os lados. Siga colocando cada sonho em um prato com papel toalha.
4. Passe pelo açúcar de confeiteiro, corte ao meio e coloque o recheio de creme (para facilitar a aplicação do recheio use um saco de confeitar).

Dica do Chef

As sementes de girassol também são um segredo de Oxum, senhora do ouro e do brilho.

Para atrair prosperidade ao seu lar, pendure pequenos saquinhos de tecido amarelo ou dourado recheados dessas sementes nas portas de entrada e nas janelas da cozinha!

Pudim de Ovos e Leite

INGREDIENTES

- 1 litro leite semi-desnatado
- ½ fava de baunilha (ou 2 colheres [chá] de essência de baunilha)
- 8 gemas de ovos
- 4 ovos inteiros
- 250g de açúcar
- Suco de 2 limões

MODO DE FAZER

1. Em uma panela, aqueça o leite e a baunilha. Enquanto isso, misture as gemas, os ovos e 100 g de açúcar em uma tigela. Bata com um batedor de arame até que a mistura fique homogênea.
3. Retire o leite quente do fogo e o acrescente lentamente na mistura de gemas, sem parar de misturar com o batedor de arame.
4. Prepare o caramelo derretendo 150 g de açúcar em uma panela até que fique dourado. Adicione o suco dos limões e mexa bem. Distribua o caramelo na forma de sua escolha.
6. Distribua a mistura de ovos e leite na forma caramelada e leve ao forno em banho-maria por 40-45 minutos. Retire e sirva gelado.

Queijadinha

INGREDIENTES

- 4 ovos
- 3 xícaras de coco ralado fresco
- 4 colheres (sopa) de queijo meia-cura ralado
- 1 lata de leite condensado
- Manteiga para untar

MODO DE FAZER

1. No liquidificador, misture os ovos, o coco ralado, o queijo ralado e o leite condensado por cerca de 3 minutos.
2. Em formas individuais untadas ou forradas com papel manteiga, despeje a massa em quantidades iguais.
3. Asse por aproximadamente 35 minutos a 200ºC.
4. Retire do forno e sirva as queijadinhas frias.

Broa de Maçã com Canela

INGREDIENTES

- 1 colher (sopa) de aveia;
- 1 colher (sopa) de farinha de milho;
- 3 maçãs médias cortadas em pequenos pedaços;
- 1 ovo;
- 2 colheres (sobremesa) de canela em pó
- 2 colheres (sobremesa) de mel;
- 1 colher (sobremesa) de fermento em pó;
- 2 xícaras de farinha de trigo fina, para ajudar a amassar.

Dica do Chef

Coloque a farinha aos poucos, misturando bem, para dar liga. O ponto certo da massa é quando ela ficar bem unida e compacta.

Outra coisa: a massa não irá crescer muito pois a farinha de milho não possui glúten, um conjunto de proteínas que faz com que a broa não cresça.

MODO DE FAZER

1. Pré-aquecer o forno a 180°C por 10 minutos.
2. Juntar todos os ingredientes exceto a maçã, misturando bem os ingredientes até formar uma massa pegajosa.
3. Em seguida juntar as maçãs cortadas em pequenos pedaços e, com a ajuda da farinha trigo fina, amassar bem delicadamente e formar pequenas bolas do tamanho desejado.
4. Forrar uma forma com papel vegetal, colocar as bolas e espalhar pela forma.
5. Leve ao forno por 8 a 10 minutos ou até a broa ficar dourada. Deixe esfriar e esta pronto para servir.

Dividindo as PANELAS

Para abrilhantar o banquete sagrado oferecido a Oxum,
deusa africana do amor, da beleza e da fertilidade,
o Chef Carlos Ribeiro recebe as chef convidadas
Ana Célia Santos, Ieda de Matos e Bel Coelho.

Cada uma das chefs apresenta uma receita em
homenagem a Oxum e, nos próximos volumes da
Coleção Ajeum, suas honras a Ibeji, Iemanjá e Iansã.

Bom apetite!

Ana Célia Santos - ou Chef Ana Célia - aprendeu o saber das panelas na cozinha da tia, durante a infância, e ganhou o mundo com seus temperos.

Responsável pelo Restaurante Zanzibar, em Salvador - Bahia, a chef apresenta seu famoso Bolinho de Estudante, uma receita deliciosa com toda sua baianidade nagô.

No volume 2 da Coleção Ajeum, a Chef Ana Célia assina as receitas dedicadas aos Ibejis, doces crianças sagradas que nos ensinam a sorrir.

Bolinho de Estudante

INGREDIENTES

- 250g de tapioca
- 500g de açúcar
- 1 coco seco ralado
- Sal a gosto
- Canela em pó
- Paçoca

MODO DE FAZER

1. Coloque a tapioca em uma tigela e em seguida coloque o açúcar e o sal. Misture bem para unir todos os ingredientes.
2. No liquidificador, bata o coco ralado com 750ml de água.
3. Em uma tigela, misture o coco batido com a tapioca e faça bolinhos do tamanho que preferir.
4. Frite em óleo bem quente e polvilhe alguns com canela e outros com a paçoca.

Ieda de Matos - ou Chef Ieda - é nascida na Chapada Diamantina e reflete as influências de sua terra nas receitas que cria.

Responsável pelo Restaurante Casa de Ieda, no coração do bairro de Pinheiros, em São Paulo, a chef revisita a tradicional receita do Acaçá e cria um delicioso doce em homenagem a Oxum.

No volume 3 da Coleção Ajeum, Chef Ieda assina as receitas dedicadas a Iemanjá, a mãe de todos e deusa das águas salgadas.

Acaçá de Mel

INGREDIENTES

- 2 xícaras de milho amarelo
- 2 xícaras de leite de coco
- 6 xícaras de água
- ½ colher (chá) de sal
- 8 colheres (sopa) de mel de abelha

MODO DE FAZER

1. Deixe o milho de molho em água na véspera. Cozinhe-o no dia seguinte com a água e o sal.
2. Quando o milho amolecer, bata-o no liquidificador com o leite de coco e o mel.
3. Em uma panela, leve a mistura ao fogo baixo até ficar no ponto de um mingau consistente, soltando do fundo.
3. Corte as folhas de bananeira em tiras de 15 cm de largura e passe-as na chama do fogão para ficar maleável. Coloque 3 colheres de sopa do mingau sobre cada tira, enrole e amarre as pontas.
5. Deixe os acaçás esfriarem e para decorar use folha e flor de jambu.

Bel Coelho é, atualmente, um dos maiores nomes quando se trata de gastronomia brasileira. Chef de cozinha, apresentadora e pesquisadora da alimentação, ela reinventa saborosamente aquilo que para muitos seria apenas comida do dia-a-dia.

Responsável pelo Restaurante Clandestino, na Vila Madalena, em São Paulo, a chef homenageia Oxum com uma receita elaborada com bananas, melaço e sorvete de gemas de ovos.

No volume 4 da Coleção Ajeum, a Chef Bel Coelho assina as receitas dedicadas a Iansã, deusa do fogo e das tempestades.

Banana, Gelatina de Melaço, Requeijão e Sorvete de Gema

INGREDIENTES

Para a gelatina
- 200ml de melaço de cana
- 100ml de água
- 5un de folha de gelatina

Para o Sorvete de Gemas
- 360ml de leite de vaca
- 180g de gema de ovo caipira
- 120g de açúcar
- 70g de dextrose
- 60g de leite em pó

Para o Caramelo de Especiarias
- 40g de isomalte
- 10g cravo em pó e canela em pó, misturados

Para a finalização

- 5 bananas
- 50g de requeijão
- Flores amarelas para decorar

MODO DE FAZER

Gelatina

1. Coloque as folhas de gelatina para hidratar em uma tigela com água fria.
2. Em uma panela aqueça o melaço e a água, misturando bem. Retire as folhas de gelatina da água e leve à panela, dissolvendo bem a gelatina com a ajuda de um fuet, e retire do fogo.
3. Forre uma forma com filme plástico e despeje a gelatina, que deve ficar com uma espessura entorno de 3mm. Leve a geladeira.

Sorvete de Gemas

1. Em uma panela, aquecer o leite e as gemas até 80 graus.
2. Adicione os demais ingredientes secos e bata tudo no liquidificador.
3. Bata a mistura, já homogênea, numa máquina de sorvete.

Caramelo de Especiarias

1. Em uma assadeira com silpat espalhe o isomalte, cubra com outro silpat e leve ao forno pré-aquecido a 160°C por 10min ou até que o isomalte tenha derretido.

2. Com um pequeno rolo de macarrão estique a mistura o mais fino que conseguir, sempre em cima do silpat. Espere esfriar e retire o silpat superior.
3. Com a ajuda de uma espátula quebre os caramelos em tamanhos médios e uniformes. Polvilhe as especiarias e reserve em um recipiente com sílica, colocando plásticos entre cada pedaço de caramelo para não grudar.

Finalização

1. Corte as bananas em rodelas de meio centímetro de espessura.
2. Com um pequeno aro, corte a gelatina e disponha sobre cada rodela de banana.
3. Coloque o requeijão em uma bisnaga. Em um prato, disponha cinco rodelas de banana em círculo, faça pequenas gotas de requeijão entre as bananas, coloque uma quenelle de sorvete de gema no centro e finalize com o caramelo e as flores.

Quer ganhar de presente um ebook incrível e descobrir receitas exclusivas preparadas pelos chefs?

Utilize o leitor de QR-Code do seu celular ou tablet no código abaixo e aproveite - é grátis!

Você também pode baixar seu ebook pelo site
www.comidadesanto.com.br/ebook/oxum

Tabela universal de medidas gastronômicas

Em alguns países, especialmente os europeus, as medidas utilizadas na gastronomia são diferentes das que usamos no Brasil. Por isso, preparamos essa tabela de conversão das principais medidas apresentadas no livro pára que você possa usufruir dos sabores e saberes dos Orixás em qualquer lugar do mundo! Aproveite!

Líquidos

1 lata	395 ml	13.5 fl oz
1 copo	250 ml	8.5 fl oz
1 xícara	240 ml	8 fl oz
¾ xícara	180 ml	6 fl oz
½ xícara	120 ml	4 fl oz
¼ xícara	60 ml	2 fl oz
1 colher de sopa	15 ml	0.55 fl oz
1 colher de sobremesa	10 ml	0.35 fl oz
1 colher de chá	5 ml	0.20 fl oz
1 colher de café	2,5 ml	0.10 fl oz

Açúcares e Granulados

1 xícara	180 gramas	6 oz
1 colher de sopa	15 gramas	0.45 oz
1 colher de chá	5 gramas	0.15 oz

Farinhas

1 xícara	120 gramas	4.25 oz
1 colher de sopa	7,5 gramas	0.25 oz
1 colher de chá	2,5 gramas	0.09 oz

Manteigas e Margarinas

1 xícara	200 gramas	7 oz
1 colher de sopa	15 gramas	0.5 oz
1 colher de chá	5 gramas	0.2 oz

Forno e Fogão

Forno brando	140° a 150° C	270° a 300° F
Forno médio	175° a 190° C	320° a 350° F
Forno quente	200 a 230°C	400° a 450° F
Forno muito quente	240° a 260°C	460° F

Chef Carlos Ribeiro

Comunicador social por formação e chef de cozinha por amor e profissão, Carlos Ribeiro dedicou **10** anos de sua vida às panelas do **Na Cozinha Restaurante**, em São Paulo, especializado em picadinhos deliciosos.

Doutorando na USP em Estudos Latinos Americanos, onde também é Mestre em Estudos Latinos Americanos, lecionou nas Universidades Federal da Paraíba, FAAP, Anhembi Morumbi, Uninove, Centro Universitário Belas Artes, entre outras.

Pela **Editora Arole Cultural**, lançou em 2018 o livro **Comida de Santo Que Se Come**, no qual revisita as comidas sagradas dos Orixás e cria um banquete de 35 receitas exclusivas.

Também é autor dos livros "Culinária Japonesa para Brasileiros", "Comida é Arte", "Historia da Gastronomia, Panificação, Confeitaria, Cozinha Contemporânea", "Estruturas e Funcionamento das Cozinhas de Bares, Hotéis e Restaurantes", além de colaborador nos livros "Café" e "100 anos de Vinicius".

Sumário

Pastel de Natas 16
Quindins 20
Cocada de Colher 22
Bombocado 24
Pamonha Doce de Milho 26
Bolo de Rolo 30
Delícia de Abacaxi 34
Bem Casados 36
Rabanadas 40
Bolo de Fubá 42
Doce de Leite 46
Beijinho de Coco 48
Bolo Invertido de Abacaxi 50
Broa de Milho 54
Sonhos de Oxum 56
Pudim de Ovos e Leite 62
Queijadinha 64
Broa de Maçã com Canela 66
Bolinho de Estudante 74
Acaçá de Mel 78
Banana, Gelatina de Melaço, Requeijão e Sorvete de Gema 82
Tabela universal de medidas gastronômicas 88

Eu saúdo quem rompe na guerra, Senhora das águas que correm caladas

Bela mãe da grinalda de flores
Alegria da minha manhã

Maria Bethânia, em Louvação a Oxum